얼마큼 반짝여 줄까?

제47차 기획시선 공모당선 시집

## 얼마큼 반짝여 줄까?

시산맥 기획시선 164

초판 1쇄 인쇄 | 2025년 10월 20일
초판 1쇄 발행 | 2025년 10월 25일

**지은이**  박진옥
**펴낸이**  문정영
**펴낸곳**  시산맥사
**편집주간**  김필영
**편집위원**  최연수 박민서
**등록번호**  제300-2013-12호
**등록일자**  2009년 4월 15일
**주소**  03131 서울특별시 종로구 율곡로 6길 36. 월드오피스텔 1102호
**전화**  02-764-8722, 010-8894-8722
**전자우편**  poemmtss@naver.com
**시산맥카페**  http://cafe.daum.net/poemmtss

ISBN 979-11-6243-641-7 (03810) 종이책
ISBN 979-11-6243-642-4 (05810) 전자책

값 12,000원

* 이 책은 한국예술인복지재단 기금을 받아 발간하였습니다.
* 이 책은 전부 또는 일부 내용을 재사용하려면 반드시 저작권자와 시산맥사의 동의를 받아야 합니다.
* 이 책은 교보문고와 연계하여 전자북으로 발간되었습니다.
* 본문 페이지에서 한 연이 첫 번째 행에서 시작될 때에는〈 표기를 합니다.
* 저자의 의도에 따라 작품의 보조 동사와 합성 명사는 띄어쓰기가 달라질 수 있습니다.

얼마큼 반짝여 줄까?


박진옥 시집

| 시인의 말 |


잎 장 혹여나 바스러질까 봐
몇 편의 글 줄,
당신께 드립니다


이공이오년 시월에
박진옥

■ 차례

## 하나, 에 관하여

| | |
|---|---|
| 호好 | 19 |
| 눈 | 20 |
| 발 1 | 22 |
| 단 | 24 |
| 말(言) | 26 |
| 길 | 28 |
| 학 | 30 |
| 땡 | 32 |
| 발 2 | 34 |
| 한 | 35 |
| 무 | 36 |
| 잠 | 38 |
| 문 | 40 |

## 둘,은 바람 따라

| | |
|---|---|
| 그날, 나는 | 45 |
| 홍시 | 46 |
| 좌판엔 | 48 |
| 옥봉玉峰 성당 | 50 |
| 사바하 | 52 |
| 갓바위 부처는 | 54 |
| 남원南原 | 56 |
| 낙타 이야기 | 58 |
| 남산에 가니 | 60 |
| 흔적 | 62 |
| 봉하마을 산책 | 64 |
| 무전동 언덕배기 | 66 |
| 고란사 | 68 |
| 남파랑길에 | 70 |

## 셋, 그들과

| | |
|---|---|
| 그릇 타령 | 75 |
| 근황 | 76 |
| 주소서 | 78 |
| 겨울 아이 | 80 |
| 여우는 | 82 |
| 큰 엉가 | 84 |
| 희야 | 86 |
| 이야기 하나, 시시껄렁한 | 88 |
| 갈매기 | 90 |
| 깍지 | 92 |
| 팔랑귀 | 94 |
| 기댄다는 건 | 96 |
| 풍뎅이 옆 개똥벌레 | 99 |
| 누가 더 필요할까 | 100 |
| 편 | 102 |

## 넷. 이런저런

| | |
|---|---|
| 편지 | 107 |
| 포노 사피엔스 | 108 |
| 누에 | 110 |
| 덤, 그리고 덤덤 | 112 |
| 바나나론 | 114 |
| 단심丹心 | 116 |
| 꺼져버린 광휘 | 118 |
| 직지의 바람(願) | 120 |
| 막걸리의 공식 | 122 |
| 늦가을 은행나무 아랜 | 124 |
| 수제비그릇 안에는 | 126 |
| 보석, 셋! | 128 |
| 어느 날, 별생각 | 130 |
| 영등할매 오신다 | 132 |
| 치과 | 134 |
| 여름, 보리수나무 | 136 |
| 덥다 | 138 |
| 향기 제작소가 있어요 | 140 |

■ 해설 _ 감각과 사유가 내밀히 만나는 시편들
　손진은(시인·문학평론가) _ 143

# 하나, 에 관하여

## 호好

열락이다

찌릿찌릿, 안타까움, 편안함
분명 하나의 길인데
새어 나오는 건 수 갈래
제각각의 반응으로
새하얗고 검었다가 다시 나의 오렌지
먼지잼 같은 필력
짐승처럼 헐떡거리며
또 한 허리 넘어가고
햐,
얄궂은 녀석

시詩!

# 눈

공<sup>쏯</sup>이다
지극히 충만일 때도

큰아들네와 함께한
영덕 칠보산 등성이
꿈틀거리는 동해 한눈에 들어오고
아무도 발 담그지 않은

뽀드득
무릎에 은근을 더해 힘을 주면
발 아랜 몇 개의 웨하스 부서지는 소리
그 소리에 쑥쑥 자라는 하얀 꽃
뽀드득 한 발 더하면
윌리 윙카 씨˙의 공장에서 찍어내는 기막힌 초콜릿처럼
점령자의 달콤한 짜릿함
두 활개는 코끼리를 삼킨 보아뱀이듯
벌러덩
그에게 등을 덮치면
덕지덕지 붙어 있던 어제의 어휘들 떨치고
온몸 퍼지는 나른한 위무감

하늘 땅 그 사이
비로소 우린 하나가 되어
이 하얀 나라에 안착한
굳이 애쓰지 없어도 싱잉볼이 주는 여운처럼
잔잔한 호흡

때늦은 안부처럼
살그머니 눈을 뜨면
세상 한 귀퉁이 무미의 솜사탕
펄
   펄
      펄
무채색 왕국의 시민들로 물드는


* 로알드 달의 작품인 「찰리와 초콜릿 공장」에 나오는 초콜릿 사장님.

## 발 1


시리다는 건
사라진다는 것
시옷이 시옷에게 가는 거리, 1센티
시옷이 시옷에게 가는 시간, 1초
음전한 수면양말의 위력에도
미행처럼 따라붙는
오른쪽 이응이
왼쪽 이응으로 향하는
멀지도, 길지도 않은
숫자 1
시리다는 건
아직 살아진다는 것
한낮엔 멀뚱멀뚱 지나다
적막이 여린 찻잎으로 내리면
뒤꿈치엔 풀리지 않는 미적분 쌓이고
시림의 씨앗 부풀어
거실 바닥 위 마름쇠로 박힌 채
시치미 뚝 떼고 있는
서서히 시작되는 잔치 아닌 잔치

어둠에 납작 엎드린

야속한

그

# 단

그리움 마신다

일렁이는 희미한 그림자
손바닥의 움직임
파도를 탈 때마다
거품 일구며 고개 내미는
뽀얀 액체
시댁 문턱 갓 넘었던 새파란 시절
해 오르기 전 대문을 나서던 시엄니
'꽉꽉 치대서 국물이 나오걸랑 잘 걸러 단술 만들어 놔라 이!'
말씀 하나 긴 꼬리 남기고

한 번도 건너지 못한 섬 하나
어느 영이라 거역할까
호랭이보다 더 무서운
가는 오른쪽 손목 악을 쓰고
더 가는 왼쪽 손목 외마디 찔러가며
부지런히 치대고, 치대고, 치대어
겨우 달달함 건졌건만

〈
아뿔싸
밥알 동동 아니라 죽이 되어버린 단물
해거름 돌아온 엄니
쓰레기통 뒤져 질금가루 펼치곤
'이리 힘 대가리 없이 치댓웅께 단술이 안 되지, 에이고'
당신의 눈자위 모로 누운 채 얼음알갱이 스치고
노도의 옳은 말씀 끄트머리

꽉꽉 힘 한번 쓸 줄 몰라
질긴 하루 빨갛게 익었던 날
붉으락푸르락 꽃핀 시엄니 얼굴
밤새 퐁퐁 솟아오르는 호박 새미 정갈한 물처럼
때때로 그리워지는
저, 단물
그리고 당신

# 말(言)

참으로 고약하게도
예전과 똑같은 상황이건만
한 치 오차 없이 입에 거품 물고 달리는 말
말은 칼을 차고
칼춤이 거친 너덜을 넘을 때
돋을새김을 오목새김으로
침 한번 꿀꺽하며
칼바람, 장미로 오인하기로
한 걸음 뒤에서 실눈으로 쳐다보기로
그래도 불변의 법칙은
존재의 법칙으로
대못을 박는데

'내가 이러모 우에 살것노?'

오래전 유튜브에서 본 경상도 꼬맹이가
문득 떠오르는
순간,
일몰처럼 어둑해지는 마음
하지만 펑키하게 살고픈

작은 욕심

말은 다만 달릴 뿐
차가운 사각 우물 귀퉁이엔
말과 말 사이
출렁다리 뜨는 밤이다

# 길

그러니까,
얼음 조각 같은 바람, 볼을 스칠 때
빨대로 주욱 끌어올려 다시 빈 뱃속 길
따스함 전하는 라테 한 모금의 부드러움 느끼며
소곤거리는 책들의 대화 들리는 도서관
가끔 정적 터치하는 펜의 딸깍거림
멜로디로 착각하는
열 시 십몇 분의 아늑한
모든 것엔 길이 있다는 게 높으신 당신의 지론
실오라기처럼 좁고 가는 골목길엔
저마다 작은 이야기 쌓이고 쌓여
길은 '난쏘공' 같은 역사가 되고
꿈을 버리지 못해 흐릿해지는 시야와 씨름하다
더러 유유한 강물의 길 만들기도 하지
어제 본 호수 위 미끄러지는 반짝거림도
실은 고매한 은유로 자주 회자하기도 하는
넉살 좋은 바람이 내준 길
길은 습관처럼 먼저 와 기다리고
우린 기다림에 익숙하다 어느 날 우주의 귀퉁이로
먼 길 떠나기도

못내 도달하기도 하는

그러니까,
숙명적이기도 한

# 학

새해가 열린다

가로세로 4.5센티
초록의 상자 열면

종이로 접은 빨간 하트 얌전하게 붙여진
앙증맞은 그 속엔
주홍의 학 한 마리 후루룩 솟구치고
옆엔 노오란 복주머니
그리고,
보라와 빨강 꽃 배시시 마주하며 웃는

채 1센티도 되지 않는 학
그의 날개 펼치니 깨알 글씨로 부르는
할미를 향한 노래 푸드덕푸드덕
학을 위해 꼬기작거렸을 꼬맹이의 눈은
고드름 꽃
'할머니, 선물이요'
내미는 저 앙증맞은 손 옆엔
두 살 더한 녀석이 만들었다는 보라색 인형

미소 짓는 선글라스 할머니다

그래, 알토란 같은 알토란들아

올해의 날들
모두 쓸어 담아
만든 둥근 한 채의 정

새 하늘엔
시방 가슴속 켜지는 불로
삼백예순 날 잔잔한 바다 위를 나르는
선글라스 낀
한 마리 학이 날고

# 땡

똑같은 건 아무것도 없어
거리엔 무뚝뚝한 누런 건물
벽과 벽 사이 단아하게 오후를 말리는 흰 건물
그 앞 스치는
사람 사람 자동차 자동차 오토바이들
사위어가는 허공의 잿빛 길
낙엽을 위한 작은 배려의 빗자루
빙그레 스쳐 지나는데
저 꽃 웃음
익숙한 클릭 한 번으로 멈출 수 없을까
배려가 지나는 곳마다 꽃 웃음 피고
경계심 풀고 손가락 톡 스치면
하루 내내 노래만 불러대는
시커먼 뮤직 스피커 숨 멈추고
적잖은 무게로 누르는 아스팔트 표정도 부드러워져
삼백육십오 일 숨 쉬는 생명들
어느 시간 한 번쯤
얼음땡

아무것도 똑같은 건 없는, 실은

똑같은 것 있는 세계
아주 느긋한 자세 시작으로
한번은 편안하게
얼음 때 애 앵
있음과 없음의 무한대

부동이다

# 발 2

맨발이다

산을 감싼 흰빛 안개 품은 저수지
그의 옆구리
발바닥엔 앙탈하는 부드럽지만 따끔한 흙
솔숲, 호흡이 짧은 한 줌의 바람 머물고
잔잔한 음악 부어내는 스피커 아래
세족 바위에 앉아 공손하게 맨발 바친다
쏴아
발등으로 쏟아지는 아침의 진주알
알들 털어내고 푸른 벚나무 사이 걷다
하얀 도깨비가지꽃 군락,
능소화와 알전구 같은 키위 어우러진 꽃동산 지나
삐딱하게 눈 내리깔고
흘겨보는 소나무 데크길 이르면
쏟아지는 동살에
얼른 참나무길 들어선다
댓잎이 바람에 말을 거는 시간

'오늘은 뽀송해진대'
하루, 맨발이 연다

# 한

항상
목덜미 긁적이며
봄볕 뒤에 숨어 있는
간 쓸개 흐르는 물에 헐렁거려
속 다 비워 허전한
아주 지극히 정도만 걷다
건너편 목소리 부풀어 오르면
벌레잡이 식물처럼 스르르 오그라드는
진실은 어디쯤 숨었는지 찾기가 힘든
사람, 벌레, 사람, 벌레, 벌레, 사람
어느 날 문득 뒤돌아보면
허름하게
오도카니 서 있는

한 사람

# 무

한 그루 바오밥나무가 됐죠

갈색 책상 옆 귀퉁이에
어린 왕자의 별에선 그렇게 눈치받던
뿌린 감추고 머리만 풍성한 그
무심코 베란다에 던져두었는데
언제 이리 자랐는지

저 펑퍼짐하고 하얀 엉덩이
뽀글뽀글 초록 파마머리
내일쯤이면 밴드나 머리핀이 필요할지 몰라요
이사를 했거든요
그늘이 사는 뒤 베란다 피해
따스한 빗금의 햇살
비스듬하게 실눈 뜨는 곳으로요
누구나 머리가슴 따스해지면
작은 변신 있겠지만
저리 기특하게도
타원을 그리는 재준 아무나 가질 순 없죠
〈

그런데요
살짝 궁금해지기도 해요
욕망으로만 가득 찬
우린
얼마큼 비워내야
저이 초록 나라에
도달할 수 있을까요?

보기만 해도 입꼬리 올리는 재주 가진
바오밥나무 원주민이 사는

# 잠

먼 거리일까요
몇 마리 고래 잡아야 할까요
나는 침대에서 서핑하며 기다려요
당신 올 시간을

고래의 밥은 작은 새우
당신의 밥은 물
실내는 지금 이십일 도
고래의 꼬리 잡기엔 삼 도가 남아돌지만
우리에겐 꼭 맞는 온도
혀의 촉감이 감미로운
고래의 젖꼭지는 두 개
당신은 고래보다 훠얼~씬 많은 스물여덟 개

이런,
그러고 보니
고래와 당신은
하늘 땅만큼
어마어마한 차이
그래도 하나 딱 닮은 게 있어요

깊은 바닷속 향해
더 깊은 그 속으로 떼 지어 항해하는 것
서로를 밀고 당기다
구름 향해 출렁이는 바람으로 노 저으면
어느새 내게로 와
서서히 우물로 빠져들게 하는
언젠간 진정 거부하고픈, 나의 애인
저 하얀 알
아,
안개가 다가오고 있어요, 서서히
당신과 나 사이에

# 문
- 813호실 주인장


똑
똑
똑

혼자만의 고치 속에 들어앉아
꼭꼭 잠겨 열리지 않는 문
반가운 건지 슬픈 건지 읽을 수 없는 표정에선
우 우
늑대 울음소리만 겨우 기어 나올 뿐

한때 낙타를 타고 거대한 스핑크스 앞에서
굳이 비행기로 초록의 여의도로
이리저리 누비고 다니던 날카로운
눈과 귀

작은 열쇠 하나 당겨와
저 문 어느 하나만이라도 열 수 있다면
덜 마른 기억 한 조각이라도 꺼낼 수 있다면
어쩌랴,
서글픔 그리고 부질없음으로

섬뜩한 추락의 기하무늬 새긴
마지막 보루 통각점 하나
만 겨우 움켜쥔

당신
그리고 미래의 우리

으르릉대는 바람에 일렁이는
노오란 은행잎조차
차마 함구할 수밖에 없는

잿빛 오후

둘,은 바람 따라

## 그날, 나는

마구 행복했네
튤립처럼 둥근 잠을 자다 긴 기지개로 눈을 떠
가지런한 내성천을 훑었네
시원한 바람 안은 채
뽕뽕다리에 다리 걸치고
코 위 작은 장막도 걷어버린 채
강물 아래 소곤대는 송사리 떼들
눈으로 화라락 끌어들이고 싶었네
이 세상 곱디고운 것들 모아둔
곳

두 손 모아 누구에겐가 기도하고 싶을 만큼
무거운 것들일랑 저 맑은 물에 씻어
한 뼘의 새털처럼
가벼워지는 마음만 남았네

그 자리 앉아 본 이
알 수 있을 거야
그날,
또 다른 색깔의 사랑 한 줌
찾아냈던
곳

# 홍시

얼마큼 반짝여줄까?

기억을 쓸고 더듬어 반짝을 염두에 둔다
더러는 미안한 일이지만

바싹 마른 등가죽으로
하품하는 가수저수지 넘어
자울자울 손이라도 닿을 듯한
그, 그리고 나

긴 숨 토해내며
몇 개의 모퉁이 도는 오르막길
숨죽임 낮게 깔려 있다

떼창의 보랏빛 쑥부쟁이 옆
살그머니 얼굴 내미는 하얀 구절초
봄 여름 한 스푼씩 저울질해
조용히 만찬 펼치는 잿빛 늙은 감나무
주렁,
달달함 자맥질하는

〈
매 순간 허투루 보내지 않았다고
누군가 항상 옳았다고 증명해 주듯
반짝,
주홍의 불 켠 채 기다리는
그,
그리고 나

## 좌판엔

꽃들의 수다 한창인 곳

투박한 손길에 묻어 나오는
퍼덕이는 서생면 바다 향도
외고산 옹기마을에서 시집온
볏짚에 똬리 튼 음전한 옹기 항아리도
진한 향 들킨 송이들의 열병식 뒤로
골판지 위 진열된 출렁이는 막걸리도
펄펄 끓는 기름에 수영하는 도넛
고지혈 단방약이라는 능이와
기침과 가래 삭이는 더덕과 도라지도
그들 모두 쓱싹 비벼두어도
잘 찾아내는 수백 개의 눈들
반짝이는 곳

좌판은 사치다

열흘간 잠들었던 바람을 깨워
보자기 한 장으로도 충분한 땅바닥엔
가을 넘 애기호박 넌출들

짝, 짝
꽃들의 기지개 활짝 피어나면
목통에 담기는 지폐들
마카,
어둔 우물 속 함박웃음 길어
그예 그들의 뼈에 서로 수놓으며
기웃기웃 땀 내음 삼키는 곳
어떤 판보다 더 걸쭉한 삶 이끌어가는

옹기종기 시장이다

## 옥봉玉峰 성당

휘날리고 있어요
화사사, 봄의 휘장

늘 무지개가 산다고 생각하고
해가 지면
제일 먼저 달을 만나고
해가 뜨면
치열한 각개전투 벌이는 동네

이곳 옥봉 수정봉 아래 십자가
성모마리아 포근한 어깨 위
푸른 오월 아카시 향 그득한 송이송이
향그런 은총 날아들어요
오늘도 죄지은 자 고해실에 들러
그 가지 끝에 맴도는 고통
아득한 성음으로 어루만져 주는 십자가
성모는,
아치형 스테인드글라스 속 햇살 한 조각
끝에 앉아 그들의 두 손 모으게 하고
〈

오래전
여기서 태어난 풍경 중 하나
만해가 주례를 서고
소설가로 날개 휘날리던 김 아무개 씨
서로가 너무 뜨거워 휘청대다
그예 감실에서 둘의 영역 옭아맨
첫 번째 사랑스런 풍금 소리
딴딴딴따 딴딴따따
초롱초롱 영롱했던

그때나 지금이나
달동네

달빛도 구슬 닮아 참 곱기도 한 곳

## 사바하


그리하여
자애하신 님을 만나게 되었어요
남산 새갓곡 오랜 절터였던 청정한 이곳
고행을 감수하고 땅을 향한 채
미소 잃지 않은

서원하는 마음 모아 공空에서 시작해요
모든 생명체의 시작점인
혹여나,
각자의 수틀에서 벙글고 성근
처처 뭇 중생들의 삶, 보이시나요?
그들의 아린 고리
단단하게 감긴 압박붕대 풀듯
이젠 서서히 펼쳐 주세요
천년이 넘은 신라 화려한 그 어디쯤
당신 서 계셨던 곳
깜깜한 밤 푸른 별들 도란거리듯
바람 앞의 연둣빛 잎새 하늘거리듯
따스한 햇발 천천히 퍼지듯
그렇게 일어서 주시기를

〈
대해大海에서 눈먼 물고기 헤엄치듯
전쟁통 아이들의 눈망울같이
허공을 맴도는 주인 잃은 시곗바늘처럼
헝클어진 사바의 한 귀퉁이
가난한 중생인 우리
여기 모여 합장하오니

님이여
그리하여
하늘 향해 반듯하게
공共으로 일어나 주옵소서

## 갓바위 부처는



선의의 데마고그demagogue다

동살을 등에 업고
내 생 고마운 보석들 촘촘히 꿰어
앞뒤 세워
가파른 돌계단 세어가며
산꼭대기쯤에서 만난
그

널찍한 마당에는
한결같은 두 손
침묵으로 기원하는 사바의 무리
양손의 삶 열렸다 닫혔다
고르게 조율한 가야금 현처럼
나란하게 선 하얀 양초 불 하나 밝히고
기다림으로 꾹꾹 채운 기원을 올린다

세상이 너무 막막할 때
깃털 닮은 발걸음 긴 정적 깨고
늑골 안쪽 가장 깊숙한 곳에 숨겨둔

빛처럼 반짝이는 어린 보석들 비춰보며
캄캄한 길 걸었던 생각이 나

바람이 바람(願) 되는 모롱이 돌 때마다
녹슨 찌꺼기 차양 벗겨주는
합장한 마음 하나
달디단 미소로 품어주며
일체의 선의로 뭉쳐져 있는

그의 그림자

## 남원南原


고전을 읽었네
출렁거리는 곳에
발 하나 들여놓으면
곳곳마다 춘향이 거닐고
요천을 지나 광한루에 들어서면
작은 바람 하나에 하늘대는
사백사십 년 된 버드나무 잎들 소소소
오작교 위 연인들의 웃음
탁발한 베네치아 물 빛깔을 입은
덩치 큰 잉어들의 오페라
무도회가 시작되면 눈만 내민 아기 오리도
오금 한번 펴 박차오르는

오늘의 하늘은 심심하다

하얀 반달 반쪽 야무지게 찍어 넣어
풍경이 만들어 주는 푸르름
공기 방울 속속들이 사랑가 넘실거리고
곤장의 살점이 툭툭 사방을 튀어도
허허실실 웃어대는 비장들의 낯 두꺼움

창살마다 한몫을 하지만
어른어른 어사화가 보이면
곡꽃이 곡曲이 되는 날

헤어지기 싫어
스물네 시의 모서리 출렁거리는
남쪽 언덕
힘들게 피식, 남원의
오후

## 낙타 이야기


배춧잎 두어 장과 바꾼
작은 공 하나
사막을 벗어난 낙타처럼
아이의 손에서 이리저리 구르다
초록이 펄럭이고
물색 고운 한강 다리 훤히 보이는
63빌딩 꼭지 탑 속 놀이터
새리야드왕이 셰에라자드 공주에 빠지듯
주사위 놀이에 퐁당

공, 얌전히 의자 위에 올려두곤
그 낙타마냥 터덜터덜
엄마와 손잡고 내려온 아이

자잘한 감정들 나지막이 깔리지만
잃어버렸다는 건 잊어버린다는 것
난처한 작은 낙타 덜 미안케 하는 것
사라진 흔적 되갚음 않고 먹먹지 않게 하는 것

언제 돌아올지 모를

반짝이공 그렇게 사라지고
아이의 손바닥 안
허허로운 사막 되고

## 남산에 가니

그는 울지도 못한 채 매달려 있었지
나무들의 춤사위 우람해지고
햇살마저 느릿느릿 제 속도 줄이며
우뚝한 남산타워 꼭대기로 떨어지던 날

서로의 심장 통과한 사랑
모아 모아서
꼭꼭 여민 수만 호
오래된 대문 간간이 혈흔 비치고
가끔은 반짝이는 새로운 집
영원이 지나가다 실눈으로 흘깃거리기도 하는

포개고 포개어져 문패 찾기도 쉽지 않은
길손의 눈
저어기 아래
맨 아랫동네
최초로 집 만들어 대문 잠근 이들
지금쯤
그들의 노래 비린 삶에 묻혀
혹 빛나는 별이 되었을까

〈
세상사 그저 그러려니
길다 못해 영원하길 바람(願)은
지나는 바람 되어
심심한 진초록 잎들 흔들기도 하고
그 장단에 고개 끄덕이기도 하는

맹꽁이자물쇠의 나라
있었지

# 혼적

홍시빛 노을 몰려오는 시간
대정읍 상모리 섯알오름에 오르면
가느다란 고드름 끝처럼
핏빛으로 얼룩진 울음소리 모여
잊힌 언어로 쓰인 노래들

들리나요

떠나려는 햇빛 한 줌 쥐어보면
손가락 사이사이 흘러 버려
누구든 떠날 땐 어떤 일부 남긴다고 했는데
아침나절 마루를 빠져나간
빛으로 내 곁을 떠난 당신
달은 연신 차고 슬고
기약 없는 나날들만 찍어내고
아득한 그날
지워지지 않는, 아니 지울 수 없는
팔레트에 짜둔 빨강의 상처처럼
불그스름한 자리
특별하기에 더 특별한

저 흔적
언제쯤 연하게 만들어 줄까요
이후 우린 어떻게 울창해질 수 있을까요

다락의 뚜껑을 열면
와라락 쏟아지는 별빛처럼
그 시리고 푸른 날의 풀리지 않은 풍경들
어느 계절의 안녕으로 아직도 머무는데
누군가는 긴 아리아의 음률에
온점을 찍어야 한다는 것을

아린 하루의 오후
섯알오름 위에 느릿하게 흐르네요

## 봉하마을 산책

토담 위 여린 새하얀 박꽃
하혈처럼 쏟아지던 잠 당겨 수줍게 반겨주던 날
바람 깃든 헐렁한 소매 토닥이며
말간 수반 앞에 서
일렁이는 내 무능의 다리 햇살에 말리는
일만 오천여 개 박석
당신을 기리는
푸른 물결 위에 배를 띄워
한 발씩 다가간 너럭바위 앞
빳빳한 천 원짜리 지폐와 스친
하얀 국화 한 송이
얌전히 내려놓고 온 날
흐려지는 시야에 쏟아지는 것들
부엉이바위엔
말씀의 향기 햇살로 넘실거리고
미네르바 심장에 박혀버린 단단한 과육
동심결로 묶인 매듭
하나씩 풀어 쪼고 있네요
포장 속에 고인 어지러운 선혈
세상의 강으로 흘려버리고

그 곁 스치는 날 선 날것들
수많은 노란 바람개비의 날개 아래
바람 하나
그리고
바람 둘에
햇살 한 움큼 얹혀 힘차게 돌며
날려 버리는 노래

들리죠, 당신?

## 무전동 언덕배기

말하자면, 정확히 삼십구 년 전
바로 어제 같은 기억 하나 있지

허름한 공터의 햇살
감빛으로 물들면
내리막길 저어기 아래
힘겨운 햇살 등에 지고 터덜터덜
기어오르는 어룽한 그림자 하나
작은 빛 향해 날아드는 하루살이처럼
어둠 깔릴까 바람을 밀며 오던

어느 날 날아든 난데없는 전기 스파크
옥포 대우병원으로 가란다
하얀 침대엔 검으스레 그을린 얼굴
치솟은 왼쪽 검지, 붕대에 감긴 채 누워 있는 우리들의 위대한 그
젊은 아낙, 눈앞 어룽거리며
힘 풀려버린 다리
철버덕!
그렇게 씨름한 한 달

간혹 솟구치는 삶의 멀미 감당키 힘들어
웃자란 귓바퀴 늘 바깥을 향할 때
긴 통증 견디려 찾는 곳
소금 묻은 가시랭이 내음 풀풀 거리던
바다를 낀 좁고 긴 골목시장 있었지
바람은 왜 또 그리 차가웠는지
세상 떠받드는 시간 외면하지 못한 채
한 마리 여린 도도새 같았던 그 시절

눈감고 구겨진 소리 펼쳐보면
햇살 바른 창가 풍금 소리처럼 잔잔한
몹시도 아렸지만
지금은 정사각 따스한 기억 한 톨로 남아 있는
그 언덕배기

# 고란사

영롱하였을 터,
타사암에서 흩뿌리는 꽃잎들
켜켜이 접은 사모와 원망의 두께로
긴 영면에 든 검은 절벽 위
백마강 굽어보며
바람(祈願)만 채집하는
인자하신 법당 속
그분
왜 가만히 계셨을까?
죽지를 묻은 새들처럼
떨리는 가슴의 북받침을

작은 촛불 하나 밝히고
가볍게 걸음 내딛는데
문득
한 번의 목 넘김으로
삼 년은 젊어진다는 고란 약수
아차,
천생 평인인 나의 발꿈치

뒤돌아 달음질치고


\* 고란사 : 충남 부여 낙화암 위에 있는 사찰.

## 남파랑길에


발을 얹었다

동쪽 바다 해파랑, 서쪽 바다 서해랑도 아닌
한갓진 남파랑길
오륙도 해맞이공원에서 해남 땅끝 탑까지
일천사백칠십 킬로
구십 개의 코스 중
삼십삼 번 길이다

눈 뜰 수 없을 만큼
부신 윤슬 아래
스틱 두 개 잠시 접고
파도가 키운 세월 덕지덕지 얹힌
넓적한 마당바위에 앉아
저어기 물결 건너 주상절리 휘돌아
짭조름한 바닷바람 타고 오는
싱잉볼 리듬을 마신다

한 생 앓았던 당신 향한
마음 끄트머리

후드득
날아오르는 갈매기 날개에 묻혀
은갈치 빛 수면 위에 털어내는

쉼을

비우기 연습 중
여긴
남파랑 삼십삼 번 길

셋, 그들과

# 그릇 타령

완고한 저 그릇에
누가 고양이 방울을 달 것인가?
설사 방울을 단다고
그릇을 깰 수 있나?
아무도 근접할 수 없는
야무진 성벽

펄펄 끓어대는 사막의 기운
딱
필요한 시점인데
무정하게 단 하나 보이지 않는
우리들의 구원군
어디 숨었지?

저 단단한 그릇 담글
진정한 오아시스 어느 곳에도 없어

절로 절로
완고의 그물이 실금 되어
스스로 허물기 전까진

# 근황


깍깍 웃는 소리 들렸어
이른 아침 까치야

시장에서 걔가 좋아하는
반짝이는 부엉이 한 마릴 샀어
아니나 다를까
물총새가 예의 긴 부리로 총총 소식 물고 왔어
물방울 튕기듯 퐁퐁
전화음이 상쾌해

언제부터일까
소소한 얘기들로 하룰 채워주던
걔 목소리 사라져 버렸어
텅 비어버린 시간

'기다려' '기다려'
목 길게 빼고 구관조처럼
기다림의 시간으로 만들어 버린

깍깍,

아침의 그 까치인지도 몰라
자작나무 하얀 몸피 위로
하늘하늘 잎사귀 흔들며
바람과 희롱하는

놀이터 아이들 함성 높아지고 있어
난, 개 목소릴
조금씩
조금씩
녹여 삼키는 중이야
엄마라는 이름으로

## 주소서

친애하는 숲속 푸름이 여러분
나는 당신의 바람입니다
어제 하현 망간 달을 보내고
이제 막 하루의 문 따기 시작해요
툭,
터프하게 어깨를 건드리는
휘늘어진 수양벚나무 가지 하나
아직도 할 말마저 못했다며
하양의 도깨비가지들 와글거리는
오솔길에 들어섰어요
안녕, 잘 잤니?
내 귀여운 도깨비가지들아
귀엽고 쌈박한 얼굴로 뒤에선 호박씨 깐다는 너
다들 쉬 쉬 하지만
어째 내겐 예쁘기만 한
그러거나 말거나, 난 잔잔한 호수 만지작거리며
외롭지 않게
튼실한 촉석루 기둥이 되기 위해
든든한 드럼통이
가는 절굿공이로 변신하기 위해

걷고, 걷고, 걷고
숲속엔 나를 쫓아 와 연주해 주는 물까치 부부도 있어요
푸르고 긴 꽁지 가진 그들이 공작보다 예쁘게 보인다면 믿으실래요?
문을 따다 보니
축축한 밤 냄새는 벌써 다 달아났어요
간밤 문 속에 갇힌 친구들이 많아
가끔은 머리도 어찔하기도 하지만요
끌어안은 공기들이 내 몸으로 주욱 퍼집니다
친애하는 푸름이 여러분
설사 세상이 얇아지더라도
그렇지, 오늘은 좋은 일들이
더 더 좋은 일들이
휙휙 날아드는
기분 좋은 하루가 될 것 같아요

# 겨울 아이

추웠지, 아주
정월 까치설날 막 지나
얼음이 차갑게 마당을 훑는
하얀 새벽 저만치 오고
허리께 통증 한 번씩 지날 때마다
멍석 위 칼바람 섞인 이불 속
보이는 하늘엔
웬 별들 환장하도록 빛이 날꼬
나이 처먹은 내가 망령이지
그려, 내가 죄인이야

한 지붕 아랫선
한 해에 두 아이 빛을 보면 안 된다는
옛말 주억거리며
안방은 맏딸에게
당신은 마당을 택했다지요
출산의 고통쯤 삶의 행간 중 잠깐의 쉼표라고
그건 망구 당신 생각
엄마라는 씨방은 따스했겠지만
어린 핏덩이의 첫걸음은 온통 차가움의 세계였으리니
난, 그때의 기억 없지만

〈
안방에 누워
온몸이 노곤해 금방 잠 들것 같았는데
가끔 문풍지 넘어 마당에서 들리는 엄니의 신음은
회초리로 종아리 그림을 막 새겼죠
내 배가 덜 불렀다면 좀 나았으련만
산달마저 비슷하니
엄니, 제가 에나에나 죄인입니더

당신, 꽃을 좋아해서
작은 마당 한 편엔 없는 꽃이 없을 정도로
그래도 꽃 중에 제일은 사람 꽃이라고
막걸리 한 사발 할 때면
'우리 집에 내 망냉이 니를 안고 돈다'
박자 맞추며
그중 막내 꽃을 젤 좋아했던

어머니, 짧은 가을 지나갑니다
그곳에서도 꽃들은 내내
피고 지고, 피고 지고
하겠죠?

# 여우는


간도 크지, 가시나가
내가 늑대라도 되면 우짤라꼬
니 작은 방에 발을 들인 날
빼꼭히 꽂혀 있는 책들 눈 말똥말똥
니 모든 걸 보고 있었지

'돌아서서 움직이지 마! 눈은 감고'

노란 셔츠 안에 하얀 속옷
서로 부딪혀 날개 펄럭이는 소리
단 몇 분
니 몰랐나?
보랏빛 라일락 향 심장을 통과해
아흐,
눈 감으면 귀와 머릿속
비봉산 맹키로 커져
오만때만가지 그림이 그려지고
덜떨어진 늑대 근처도 어슬렁거리지 못하는
희부염 유리창에 갇힌 어리고 슬픈 나!
잎도 꽃도 별 모양 닮은 스텔라˚처럼

귀여븐
내 핏속 수시로 휘젓고 다니는
여우 가시나
그땐 심장과 심장 사이
절룩거리는 바람 엉켜
초록 보리 파릇한 머신가 계속 자라는 나이였지

낡은 꽃들 희끗거리는 사진첩
두어 페이지 팔랑이다 만난
아직도 구메구메 출렁이는
별뉘 같은
여우와 늑대 이야기

니는 혹시 아나?


* 스텔라 : 제라늄의 일종.

# 큰 엉가

툭,
아침 산책길에
채 익지 않은 감 하나
발 앞에 떨어지는데
아직도 놀란 그날의 심장 멈추지 않네

마당의 마른 감잎 요란스럽게 뒤집던 날
툭,은 그렇게 왔지
큰길로 가는 골목에서 큰오빠 넓은 등에 업힌
큰엉가 오른손이
툭,
떨어지던 날
좁디좁은 길 파도처럼 들이치는
날개밖에 없는 바람이 그렇게 심술궂은 줄 알았지
내로라하는 배우 뺨치게 고왔던 울 엉가
툭,
한 자에 무릎 꿇고 만 거지
짐작이나 했으랴
소문처럼 그리 가볍게 다가오리라는 걸
끓어대는 속 달래려 넘긴 한 잔의 알코올

매몰찬 찬바람과 만나
뇌 속 피의 여행길
툭, 끊어버릴 줄

그렇게 툭,을 만들곤
언제 그랬냐는 듯
휙 고개 돌려 외면해 버린
참, 무심도 한

울 큰엉가

## 희야


너를 생각한다,
샤워를 하다

머리 위로 별
쏟아지는 하늘에
보름달이 뜨면
늑대로 변하는 가엾은 나자리노
그 한량없는 연인 그리세드라
초록이 넘실거리는 언덕
하얀 나비 되어 펄럭이는 그녀처럼
물방울 물방울 겹치는 눈빛
덜 풀린 커피 알갱이 마냥
아스라한 향으로 늙어가는 널,

내일은 문자로 불러내야지
잘 지내?
인사는 물줄기로 이어지지만
정작 웃음기 만져지질 않아
어쩌다…
알아, 알아

그건 사막을 핑계하는
두 마리의 낙타 때문이란 걸
사자도 아니고 아이는 더더욱이 아닌

며칠 지나면 새달
그녀, 흰 노루귀 함께 숨 쉬는 지리산 어천 자락
통창에 밀려오는 먼 능선
눈(雪) 자리 떠올리며
기어이 눈썹까지 차오르는
널 불러내야지

샤워기에선 여전히
별들 쏟아지고

## 이야기 하나, 시시껄렁한


당신은 면봉처럼 문을 딴다

막 샤워 후 꼭 필요한 그처럼, 살그머니
입은 한마디 없었지만
눈은 창밖의 소쩍새처럼 한창 바쁘고
그녀는 하얀 식탁에 앉아
저녁마다 먹는 누룽지에 숟가락 노닐며
한낮의 구수한 밥이 고소하게 된 사연 풀어내지

그녀의 건너편
언제 왔는지 정좌하고 있는
외출 시마다 숙제를 내주고 나가는
순한 팥쥐 아범, 당신
하양에서 노랑으로
쌀알은 베란다 란타나처럼 색을 바꿔가며 푹 익어
누군가
팥쥐 아범과 그녀는 궁합이 딱이라는데
푸욱 퍼져서
이젠 흐물흐물 물이 되어
아무에게나 섞여도 전혀 지장 없는 궁합?

서로가 서로에게 한 술 넘겨
먹고 먹어도 체하지도 않는 세월?

한 다리 허공에 걸친
눈썹 고운 달
살짝 찡그리며 내려다보는

저녁이 고갤 넘어
밤으로 가는 시간, 시시껄렁한

# 갈매기

으이쿠,
꽃이 피었네
언젠가 울 엄마 떠나실 때
그 몽실몽실 하얀 꽃
꽃은 땅에만 피는 게 아니었어
때론 바다에도 피나봐
바람 불어도 꽃잎 한 장 흐름 없이
푸르름 가득한 바위 위 꼼짝하지 않는
빨간 부리가 유난히 예쁜 꽃송이들
엄마도 그랬지
내 눈물 통하지 않았던 어린 어느 하루
그녀가 낭창이는 대나무 가질 들었던 날
잠든 줄 알고 붉어진 작은 종아릴 쓰다듬었지

'내 강생이, 때릴 곳 어딨다고?'

그곳 간지러웠지
엄마의 소금기 묻힌 방울 꽃
어룽져 낙화할 때
〈

하늘
땅
바다
심지어 땅속에서까지

엄마를 소환하는
저 하얀 꽃숭우리
피고 지고
또 피고

호랑이 등을 타고 동해로 간 날

# 깍지

벌레 한 마리
거실 소파 위에 널브러졌어

비스듬한 햇살 따라
오전 내내 안경알 굴리며
그악스럽게 씨름 한판 붙었다가

누가 이겼나
그건 이따 말해주기로

여태껏 흘려보낸 오그라진 잎
이상해 눈 마주친 하귤나무

누가 흰색을 순결하다고 했을까
그가 지나는 걸음마다 쬐그맣고 하얀 솜뭉치들
싱싱한 초록 심장까지 베어먹은
갈색 흔적 지우려
무릎에 힘을 준 시간
물 샤워, 알코올로 잎 하나하나 닦은
〈

큰 게 작은 걸 이길까
작은 게 큰 걸 이길까
기껏해야 3mm 암적색 밀랍 분비물
눈도 코도 안개 속인
제 몫을 뺏어 먹은 녀석
근데, 거대한 레이저 어디서 쏟아내지?

하양과 씨름한 큰 벌레 한 마리
쇠똥구리처럼 머릴 굴려도
여전히 갸우뚱
깍지 안엔 깍지가 살지 않고

수직의 빛 내리는 거실엔
한 마리 벌레 누웠어

# 팔랑귀


이쪽에서 손짓하면 갸우뚱
저쪽에서 발짓하면 기우뚱
손짓발짓에
점
점
점점
늘어지기만 하는
바람과 바람 사이에서 휘청이다
귀밑머리 가르며 귓속 유영하는
<u>도르르 도르르</u>
파도 소리 되는
귀!
그들 가끔 소문所聞을 소문召文이라 하지만
소문은 소문所聞
과거를 맘대로 덧칠하는


소문所聞의 포장들 쌓이고
그 문 스며들 때까지
차라리 막아버릴까
포장 속의 소문消文

작은 욕망까지

어떡해?
빠지지 않으려 버티다
지도를 읽어버렸어
역시 소문소文은 소문所聞
하지만 소문消門일 뿐

비틀거리지 마!

## 기댄다는 건


삶의 책장
잠깐 훔치는 일이래

그 속에 넘실거리는 한 페이지 거슬러 육십 년 오르면
산골 어느 넘실거리는 저수지를 돌고 돌아 만난
쓰러질 듯한 초가
칠흑으로 색칠한 섣달그믐이었대
문풍지 펄럭이던 처마 밑엔
석유 깡쟁이 실눈 뜨고 훔쳐보던
큰언니 친구네 첫날 밤 이야기지

두 평 방
갓 스물 신랑 신부와
햇볕이 눌러앉아 새까만 신랑 친구, 다섯
환장하게 예쁜 신부의 친구, 다섯
결이 닳은 새끼줄에 꼰 굴비 두름으로 둥글게 모여
옹기종기 달아오르는

지지리도 가난한 살림 덕분에
신부와 친구들 위해

두레상엔 저녁밥 대신 빈곤의 탄생이 그려졌대
얌전하게 올라앉은 삶은 고구마 한 소쿠리
신부의 내리깐 눈 안으로 미끄러져 들어온 풍경이래
떡국은 아니어도 따스한 한 그릇 국수라도 내었으면
그들에게 덜 미안할 거 같아
애먼 신랑 그때부터
시도 때도 없이 밉기 시작했대

그러거나 말거나
시린 세월 그이들 삶 속으로 기어들어
엊그제
반짝이는 금강혼식 가졌대

으르렁거림으로 깊이 박힌 오랜 배밀이
닳을 대로 닳은 수천 페이지 펼쳐
제 살길 바쁘다는 생살 같은 새끼들보다
늙을수록 두툼해져야 한다는 주머니 사정보다
더
그래, 더
소중하게

가을 볕살처럼 노릇노릇하게 익힌
서로의 어깨 기대며
단둘만의
따스한 연꽃 경전 읊었대, 글쎄

## 풍뎅이 옆 개똥벌레


벌건 대낮에도
빛이 있어야 안심이 되는 그
베란다 햇살 한 움큼으론 부족해
늘 불을 훔치려는 사람처럼
초라한 전등으로 대낮의 밝음을 열려는
그의 꼬리뼈 따라다니며
나는 연신 스위치를 끈다

낮은 밝지만 보이지 않고
밤은 진실하지만 믿을 수 없는 법
몸에서 빛이 빠져나가는 풍뎅이처럼
몸에서 빛을 뿌리는 개똥벌레처럼
빛을 훔치고 뿌리는
화답의 엇박으로
삶의 풍경 덧칠하는
함께 한 네 개의 발자국

기인 회랑
느긋하게 걸어오는 두 개의 걸음
그 걸음 뒤에 또 다른 걸음
어쩌랴, 오늘도
저 훤한 빛을,

## 누가 더 필요할까


김밥을 싸려면
그가 있어야 한다

채널에선 잘생긴 쇼호스트가
연신 예쁜 길을 내는 당근과 무 썰어내고 있다
여보, 나 저거 하고 싶어
15만 원이나 하는데 내가 썰어줄게
홀로의 직시 무시하고
어느 날
호기롭게 그녀를 위해 사 왔다는
약간은 부실해 보이는 아기 고래 한 마리
당근의 굵기를 묻는다
1번? 2번?
작은 입에서 미끄러지는 붉은 실
아뿔싸 그의 손가락 끝 물렸다
덕분에 저녁은 붉게 꽂히고

오늘은
목장갑과 고무장갑으로 중무장하고
다시 2번으로 미끄럼타는 그

그녀는 홈쇼핑 속 달콤한 그가 필요한데
눈앞의 눈치 없는 그는 여전히 고래와 씨름 중
줄줄이 뽑혀주는 붉은 실
부산함을 흔들며 승리자의 미소 가득

침묵에 동참한 그녀
괜히 수척해지고
눈앞의 아기 고래보다
뒷전의 든든한 그가 그리워
그래서 더 가까이 가고픈

야채 슬라이스!

# 편

늘 아득한 한 개의 소실점이었다
젊을 땐 서슬 퍼런 시집의 울타리 아래
하얀 서류 뭉치인 양 빨랫감 가방 한 손에 들곤
일주일에 한 번씩 나타났다 사라지던

이젠 양손 아무것도 들지 않은 빈손
어쩌다 말의 둑 터져 범람이 되면
그 속 허덕여 아푸거려도 눈길 한번 주질 않고
오르막길 쌕쌕거리며 따라붙어도
뒤 한번 돌아보지 않는 야차 같다가도
북풍 속 조그만 심장으로
혼자 떨고 있을 때
등 어루만져 토닥이는 손길
그래서 밉다가, 밉다가
마지못해 그립기도 든든하기도 한

하나에 하나를 보탠
가녀린 꽃잎 모여
붉은 꽃망울 항상 한 곳 응시한 채
꽃대 지면 달릴 잎사귀 기다리던 나날들

초라하고 여윈 그림자 마냥
아주 조그만
실은
커다란 진실 하나 품고 산 상사화처럼

남의 편인 줄만 알았던 남편

늘 내 편이었다는

# 넷, 이런저런

# 편지

오래된 봉투를 연다
오래된 내음 배인 오래된 활자
오랫동안 담겨 마르지 않는 오래된 마음
오래된 소식은 오래된 이야기로 시작되지만
오래된 이야기 끝 오랜 동심결 풀어보니

'엄마를 실망시키지 않는 아들이 될게'

오아시스가 보이지 않는 고비사막
꽁꽁 가두었던 무딘 발걸음
오래된 발들 영 무뎌지지 않아
오래된 기약들 하나하나 흔들며
아무도 모르게
오래전부터 서서히
아파도 참아가며
온전한 자리 잡아가고 있었다나

한낱 핏빛 마음 담아
오래전에 불렀던 이름 하나
살그머니 닫는다

## 포노 사피엔스

새끼 하나 기르고 있어
눈앞 사정거리 떠나면
사방이 온통 새하얘지는
길 가다 고개 돌려보면
기르지 않는 이 아무도 없는
남의 새끼이면서 내 새끼인 그
초록 날개 가진 어린 동박새처럼
깊고 초롱초롱한 검정 눈 가진
뉴델리 간디가 좋아했다는 인디핑크 옷 걸친 채
나 속의 나처럼 포켓 안에서
때론 어깨 가녈의 끈에 매달려
늘 비폭력주의 외치기도
더러는
쉽게 길들여져 먹이를 기다리는 하이에나처럼
우린 그의 녹색 창을 두드리기도 하지
녀석에겐
궁금증 유발은 금물이야
응답 없는 침울한 뱃속 아니라
작은 호리병 속 요정 지니처럼
묻는 족족 뭐든지 척척

간혹 간주 없는 태클로 고개 갸웃하지만
그건 아주 소수
녀석은 만물의 영장
껍데기만의 샤피엔스속(屬)
링 안에서 이길 수 있는
유력한 후보 중의 하난
우리가 수시로 물을 뿌려 무럭무럭 잘 기르는
메. 타. 인. 지.
그건,
어쩌다 벗어던진 싱그러운 어제에서 찾을 수 있는
미상불
화룡점정이라니까!


\* 포노 사피엔스 : 스마트폰과 호모사피엔스의 합성어.

# 누에

어디쯤 숨어 있을까
물에 담긴 찬란한 송이송이들 삶아
수숫대나 볏짚으로 찌르다 보면
그곳을 찾을 수 있대
실마리는 그렇게 탄생했어

난 푸르른 뽕잎 먹고 넉 잠을 잔 후 겨우 일어났어
이젠 옷 하나 벗어볼까
다섯 잠을 자고 나면 집 한 채 건축해야 하거든

글쎄 말이예요
그 길이가 천2백에서 천5백 미터나 된다네
하얀 송이 하나 태어난 후 한 사흘쯤 지나면
머리부터 발끝까지 주름을 두른 옷 갈아입어

난 그때가 제일 좋아
시간이 조금 지나면 훨훨 날 수 있으니
생의 줄무늬들 고스란히 새겨진 내 한 몸
간혹 누군가를 위해
고소하게 불태울 수 있는

숭고한 시간도 될 수 있거든

설익어 보잘것없는 날 위해
여과 없이 하얗게 재가 된
촉석루 누각의 든든한 기둥 같았던
엄마,
왜 갑자기 별처럼 떠오를까
간밤의 환한 보름달에도
내 실마리는 아직도 보이지 않는데
엄마는 어느 하늘쯤 숨었을까

## 덤, 그리고 덤덤

책장을 넘기고 있었지
무덤덤하게
그 집 거실에 배 바닥 붙이고
가만 있어도 초당 옥수수 한 솥 거뜬히 쪄낼 수 있는
날씨에도
베란다 밖 호수 변죽 벚나무 잎들
사이사이 바람 잔뜩 거둬들여
13층은 그야말로 바람의 천국

저어기 아래 수양버들쯤서 들리는
덤덤한 매미 울음은 덤
백 알의 마늘 위 열 알의 마늘 얹듯
휘리릭 지나가는 방충망 밖
오동통한 노란 꾀꼬리 한 쌍
훔쳐보는 휘황한 그때처럼
덤은 언제나 무덤덤하게 입꼬리 올리고

숲에 어스름 내리면
밤새 잠들지 않고
소망교 불빛으로 푸르고 붉은

더러는 색색의 옷 번갈아
갈아입는 호수 내려다볼 때
다리 위 내려앉은 별 한 줌 쓸어
주머니에 넣고 싶은 마음 꾹 눌러 담아
순한 행성의 더 순한 행성의 눈빛 되기도 하는

책장 속 살뜰한 한 문장

무덤덤하게 내게 진정으로 건너온다면
그건 분명, 또 다른 우주의 거대한 희망
확실한 덤
아니 진정한 덤, 덤이지

## 바나나론

아득한 혼잣말로
첫날밤 노랑 저고리 신부를 만난 것처럼
천천히 꽃잎 하나 벗기면
차가운 식탁 유리 바닥에 누워
얇은 웃음 머금은 도톰한 입술

최소한 몇십도 이상의 따뜻한 나라
혹은 푸른 바다 건너온 꽃숭어리
노랑을 살짝 벗기면
하얀 속적삼 아래 부드럽고 오동통한 속살
아랫도리 근육마저 움찔
축축하게 헝클어진 혀, 잘 정돈시키는
한때,
보통의 집에서는 구경조차도 못 했던
귀하신 몸

원숭이처럼 나무 걸상에 착 달라붙어
뜨거운 적도의 휘파람 불어가며
단아한 낭자머리 빗기듯
주욱 얌전하게

익혀도, 구워도, 생으로도
함부로 당신에 대해 입을 닫은 채
귀하지만 귀하지 않은
아침나절 만난 보랏빛 등나무꽃처럼 넉넉한

아찔하게 흘겨보며
간종간종 그리고 천천히
벗겨 내리는

## 단심 丹心


빨강이다

하얀 운동화 콧잔등에 사뿐히 내려앉은
딱, 새끼손가락 두 마디만 한
진주 기생 산홍의 입술

벚나무 잎사귀 닫혀 있는 문
살짝 열고 들어서면
무릎 속에 얼굴 묻고 있던 선비 매천
널널한 도포 자락 바람에 일렁이고
오래된 시간
남강 수水 푸른 숨결로 되감아
짓누르는 을사늑약 고통 서걱거리는 이승
얼른 손사래로 지운 채
여기까지 왔네

햇살 칼날처럼 쏟아지던 날
의기사 문 앞의 산홍인 양
출렁이는 강물 매만질 때
왼쪽 발등 위에서

망연히 웃고 있는 단풍잎 한 장

그대!

## 꺼져버린 광휘


문해력이 부족해요
바늘 같고 불꽃 같았던
여름의 지휘 아래 명찰을 단 당신들
어느 날 무심코 올려다본 밤하늘
떨어지는 꼬리별처럼
우수수 모두 데려가 버린
화이트링 빛보예 송향기 엔젤아이스 콴탁메이 부케 밀위
드로버트 지니체리쥬빌레
흰 수건 던지곤 링 위에 누워버린 권투선수처럼
주인 잃은 이름표들만 뒹구는
향기의 발자국 고인 그림자만
고스란히 남아 있는 빈 화분
그들은 어디에 마음을 묻은 걸까요
당신과 공손하게 연락하는 방법 확실하게 서툴렀어요
여름엔 물을 굶기라는 말
매몰찬 손이 아닌 따스한 가슴에 새길걸
가끔 들여다보며 딴지라도 걸어볼걸
따로따로 한 우주였던 당신들
쓸쓸함 배신 그따위 씨앗들만
남긴 빈 베란다에 퍼질러 앉아

죽은 사람도 깨울 만큼 큰 소리로 울어볼까요
넓은 얼굴 키 큰 고무나무
삐딱하게 내려다보는

## 직지의 바람(願)


나,

이국땅에서 가뭇없이 귀잠을 자고 있어도
컥컥 목까지 올라오는 이것
언젠간 맡을 수 있으리라
바람조차 날려 버리지 못한
어떤 향내 풍기며 태어난
그곳의 흙내음

바깥은 망망대해
굽이치는 물결
난 날개가 있어도 날 수 없는
한 마리 도도새
물안개가 서서히 마을을 점령하듯
배꼽 아래부터 솟아오르는 뭉클한
당신 향한 간절함
숱한 이방인들 눈 반짝이게 하고

숭고함이라든지
영원함이라든지

〈
지구별에서 최초
팔백사십구 년 흥덕사 치미의 기운으로
우주 모든 이들에게 빛으로 다가온
백운화상초록불조직지심체요절白雲和尚抄錄佛祖直指心體要節
나의 참 이름
일천삼백칠십칠 년 정사칠 월 고고성을 울린

폭우가 쏟아지는 어느 가을날 아침
실꾸리에 얽힌 직지의 역사 풀렸듯
머지않은 미래
어떠한 권태도 떼어놓을 수 없는
내 고향 구루물에 안착하리

이렇게 정갈한 간절함 담아
그대의 귓가에 속삭여 보네

지금도 난,

## 막걸리의 공식

서언하다야
검은 바다의 하얀 출렁거림처럼
멍든 편도선 다독이며
유혹의 조리질에서 남겨진
뱃속에서 익어가는 전통 누룩의 힘
한 고개 넘으면 헝클어진 선 그릴 것 같아
반 잔,
황금관음죽에게 권한다

권주가는 필요 없어
안주도 필요치 않아
지구가 이리 넓은 데도
빚구럭에 숨 막혀
엉덩이 하나 붙일 곳 없었던 날들
빈 하늘에 걸어 둔 알량한 구름
끝도 시작도 없는 실타래처럼
미끄러져 넘어가는 술처럼
술술 풀릴 날 있으리라 생각했지

기분 좋게, 반 잔

감춰 둔 마음 조각 서너 개 다독여
낯설고 어린 것에도 감사하며

숨거나 찾거나
사랑하거나 상처받거나
빛과 어둠처럼
자네 덕분에 이분법이 더 확실해지는 밤

고맙다, 술술
반 잔

## 늦가을 은행나무 아랜

낯설지 않은 풍경이 살지

어때?
이길 수 있니?
이건 최소한 날 지키기 위한 거야
배기가스와 회색 먼지 속에서
온 힘으로 버티고 있는
높이 사는 어느 분이 맡기신
특별한 의식 중 하나
구둣발 운동화 뾰족구두 샌들
더러는 두 개의 바퀴까지도
쩝쩝 입맛 찡그리는
정방형 보도블록 수틀 속
노란 잎맥 어지러운 이곳저곳
툭툭 불거져 묵언하는 알갱이들
가끔 발작하는 알레르기처럼 뭉개지면
반갑지 않지?

무섭니?
불시에 던진 작은 포탄 깔린

내 풍경
초겨울로 향하는 가로수 길목엔
비바람 햇살로 뒤섞인 이 생처럼
만만디와 빨리를 잘 선택해
피해야 하지

늘 처음인 듯,
늘 마지막인 듯,

## 수제비그릇 안에는


노랑 하양 빨강 그리고, 초록
꽃들 반겨요

덜커덕,
한 고개 넘으면 만나는 고령,
어느 집

봄이 봄의 둘레를 산 능선 하나 가득 채우는
보라, 보라
언제부터 저리도 수많은 오동이 넘실거렸는지
속전속결의 투사답게
뭉텅뭉텅 뱉어내는
우우
쉬어가라는 소리 같기도 한
연보랏빛 소란들

그예 보라의 향에 눌린 뒷산 산꿩 푸드득
그 자리에 멈춘 사이
주인장 그물에 걸려버린
한땐
이 구릉 저 구릉 자유로운 영혼이었을

친구와 하하 호호거렸을
목숨, 목숨들

질그릇 속에 담겼어요
은행알 잣 대추 그리고 인삼 한 뿌리와 함께
우린 또 입맛 쩝쩝 다시며 고개 끄덕이고
뒷산 어디쯤 오동에서 나는 낮은 거문고 소리
들리는 듯 들리지 않은 듯
오동꽃 향에
넋이 빠진 듯 빠지지 않은 듯

인삼도토리꿩 수제비!

보라 물드는 산그늘 아래
그들의 혼들 하늘로 향하는 듯
하얀 김 솔솔 이네요

감히 손 닿지 않는 누구와
우리의 이웃인 누구들

영원이 영원을 희롱하듯

# 보석, 셋!

난 죄인이었어
적어도 힘들게 온 귀하디귀한 나의,

생명을 가진 것
모두 깃 웅크리며 집으로 가는 시간이면
젖음과 마름 생각하며
한번은 뒤돌아본다는데

예전
까치발로 까꿍 할 적에도
고사리손 맞잡고 숫자놀이 할 적에도
도톰한 향내 한번 주지 못한 채
옹이 박힌 시집살이에만 코 박았지
시간 흘러도
화려하지도, 그렇다고 튼실하지도 않은
그늘에 숨어
아닌 척
척,
척,
〈

힘겨움 하나씩 내려놓고
설운 나의 방 들어서면
그래도 손톱만 한
양심 솔솔 피어나더라는
무거운 쇠사슬 끄는
부은 발목처럼

## 어느 날, 별생각


떠났대요, 글쎄

TV 자막을 온통 채우며
한때는
찬란한 별로 유명세 휘날리던 그
아스라한 등 뒤
우리와는 별계星界의 나라로
또랑광대 명창이 되기까지 그 아림들 묻어둔 채

건성건성
침을 뱉듯 함부로 바닥으로 떨어뜨리는
바람 속 저 언어의 재단
어째,
오종종 귀 곁에 뱅뱅거리네요
우주에 존재하는 생명체들
진정 별 겐데

달의 친구가 되는 것
왼발과 오른발처럼 사이좋게
버려진 화분에 묻어둔 망고씨에서 연두가 올라오듯

어느 행성인 별에서 싹이 나
덤덤 혹은 치열하게 살다
닫히지 않는 서랍도 밀어 보다가
둥근 대열에서 혼자 이탈해
지구 머리끝에 앉은 먼지 한 줌처럼
멀리 떨어진 별로 가는 건
별것 아닌 걸로 던져둘 일, 절대 아닌
별별 별생각
별은 원래 윤회의 한 과정
이생의 반짝이던 별이었던 그가
저 생의 온전한 별 되었대요, 글쎄

꼬리별 하나, 휘익

## 영등할매 오신다


바람의 등을 밀고
희뿌여니 피어나
살아 있는 기척 들리기 시작하면
소깝에 그을린 정지간 흙벽 보이고
동쪽 살강 위 일렁이는 촛불 옆
살갗 베일 것 같은 푸른 댓잎 마디엔
어린 가슴 달뜨게 하는 오색천 너울거리고
정갈한 들깨강정 한 접시
발그레 반짝이는 사과 세 알
별 총총 새벽녘 호박새미에서 길어
찰랑찰랑 채운 드므
공손히 뜬 정화수 한 사발

공과 벌 점수 셈하기 위해
한 해의 문 열리는 날
우린 고단한 바람 잡을 수 없어
하늘에서 내려오는 영등할매 기다리고
까탈스런 그녀의 심기 달래려
부지런히 비난수 하는 엄니의 두 손
〈

비나이다, 비나이다
영등할매님 비나이다
천지사방 싸돌아다니는 내 새끼들
함양 산천 물레방아 물 콸콸 돌디
올 삼백예순날 싹싹 씻기감시
자알 살펴주이소, 내 새끼들!

긴 겨울의 다릴 건너
봄 채비 중인
음 이월 초하루 새벽

쪽진 내 엄니 회백의 머리칼
온통 새하얀 매화향이다

## 치과

말이 존재하지 않은 나라
아른거리는 보풀의 빛 그늘 속
왼손 들어 모든 걸 해결해 주는

아파요, 까딱
침이 고여요, 까딱
멈춰주세요, 까딱

꼭 감은 두 눈 위
펼쳐진 초록의 천
그 벌판 한가운데 뻥 뚫린 그곳에선
치르륵 치르르륵 치르르
계절을 타고 넘나든
생의 상처 갉아내는 파열음
이내 잔잔한 냇물로 바뀌면
스러져 가는 초가 같은 몰골
기와 한 채로 번듯하게 세워주는

여긴
아랫입술부터 윗입술 한층 만개해

나른한 오후마저도 꿰매어지는
더 이상 말이 필요치 않은
무섭지만 화안해지는
살피꽃밭 닮은
입속의 정원

## 여름, 보리수나무


낳은 알마다 붉은 환희다

어깨 타고 지나는 바람에 일렁일렁 춤을 추는
더러는 허기진 작은 점들 비치는
저, 저 귀걸이들 좀 봐
이웃하고 있는
기름 자르르한
감나무잎 건너온 햇살조차도
퐁당 빠져버린 붉음
가늘고 긴 허허로운 몸에
계절의 문 톡톡 두드려
연두의 너울 입히는가 싶더니
어느새 하나같이 앙증맞은
하얗고 작은 별로
새콤달콤 더러는, 떫은 향내 풀며
옆집 앞집 할 것 없이
벌 나비 불러들일 때
꽃봉 우물 속은 너무 포근해
인도의 어떤 사내가 도를 깨달은 것도
저들의 군무 때문이었으리라는

빛나는 생각도 잠깐
그럴 때면 심술쟁이 바람도 두 손 드는데

말 마라!
사방이 어둠 밝히는
붉은 등불의 계절이다

# 덥다

정지간 드므 위
허공의 수척한 대나무 소쿠리
회색 바람에 그네를 타고

구멍 숭숭한 뚜껑 열면
말똥한 눈으로 쳐다보는 야무진 보리밥
청색 수壽 새겨진 하얀 사기그릇
차가운 물 좌르륵 붓고
풋고추 서너 개 된장과 만나면
아렸지만 아린 줄 몰랐던
아슴한 그 시간들

덥다

이렇게 여름다운 여름이 오면
가끔
허리께쯤에서 잘방거리는 마음속 도르래
오르골처럼 태엽을 감아
조용히 길어 올리면
소 소 소 소

유년, 깨알의 소름들

청량한 채 싸아한 드므에
투명한 소묘 한 페이지
그려지는

## 향기 제작소가 있어요

호수가 보이는 창가에 심은
향긋한 바질
아침나절, 책상에서 왼쪽으로 고갤 돌리면
넓은 이파리
여린 연두 가지에 오종종 매단 하얀 깨알들
저어기 지나가는 바람 한 줄기에
잘 있었니? 물어도 한들한들
기다렸니? 물어도 한들한들
일주일 후에 물어도 여전히 벨리댄스인 양
한들, 일 거예요
묶어두고 싶은 이 작은 풍경에
다리 하나 걸친 로즈마리도 있네요
남해 바닷가 나지막한 언덕의
보랏빛 나비들은 없지만
그래도 엉덩이 한번 살짝 건드리면
아랫도리 갈색 치마 부스스 떨쳐내며
훅, 코끝 스치는 그대
절정에 절정을 더하려고
넓은 화분의 페퍼민트도 쑥쑥 고갤 내밀고
이것 봐요

창밖 베란다는 온통 향기 제작소라니까요
가을이, 겨울이 와도
우리들의 파도는 계속될 거예요
가는 이는 가고 남는 이는 남으며
땅거미는 어딘가로 지고 있지만
향기는 언제나
둥근 표정이랍니다

■□ 해설

# 감각과 사유가 내밀히 만나는 시편들

손진은(시인·문학평론가)

## 1. 상상력의 힘으로 세상을 바꾸려는 시인

70년대 말 그 엄혹한 시절에 나온 한 편의 작품 「나는 바퀴를 보면 굴리고 싶어진다」(황동규)라는 시를 기억한다. 이 시는 "보이고 안 보이고"라는 동사의 미학적 긴장 사이에서 전망과 아름다운 기억이 동시에 보이지 않는 현실 속에서, 바퀴뿐만 아니라 그냥 무표정으로 있는 "노점상에 쌓여 있는 귤"이며, "옹기전에 엎어져 있는 항아리", 심지어 "둥그렇게 누워 있는 사람들"마저 굴리고 싶어 한다. 그러나 "모든 것 떨어지기 전에 한 번 날으는 길 위로"라는 끝행에서 시인이 하고 싶은 말을 다 드러낸다. 굴러떨어지는 순간에 날으는 그 일시적 초월이라도 맛보고 싶다는 것이다. 암울한 그 시대에 많은 이들을 위로했던 시편이다.

  박진옥의 시는 전체적으로는 황동규의 그 시와 정 반대편에서 시를 사유하고 감각하고 있음을 감지할 수 있다.

    똑같은 건 아무것도 없어
    거리엔 무뚝뚝한 누런 건물
    벽과 벽 사이 단아하게 오후를 말리는 흰 건물
    그 앞 스치는
    사람 사람 자동차 자동차 오토바이들
    사위어가는 허공의 잿빛 길
    낙엽을 위한 작은 배려의 빗자루
    빙그레 스쳐 지나는데
    저 꽃 웃음
    익숙한 클릭 한 번으로 멈출 수 없을까
    배려가 지나는 곳마다 꽃 웃음 피고
    경계심 풀고 손가락 톡 스치면
    하루 내내 노래만 불러대는
    시커먼 뮤직 스피커 숨 멈추고
    적잖은 무게로 누르는 아스팔트 표정도 부드러워져
    삼백육십오 일 숨 쉬는 생명들

어느 시간 한 번쯤

얼음땡

아무것도 똑같은 건 없는, 실은

똑같은 것 있는 세계

아주 느긋한 자세 시작으로

한번은 편안하게

얼음 때 애 앵

있음과 없음의 무한대


부동이다

― 「땡」 전문


　황동규에게 한결같이 무력한 사물이 답답하게 다가왔다면, 이 시는 "똑같은 건 아무것도 없"는 세계를 순간적으로나마 똑같은 것 있는 세계로 만들고 싶어 하는 의지를 작동한다. 시인은 "거리의 무뚝뚝한 누런 건물", 그리고 "단아하게 오후를 말리는 흰 건물"에서, 무수히 지나가는 사람과 자동차 오토바이들, "사위어가는 허공의 잿빛 길"을 빗자루로 쓸고 있는 사람의 배려 섞인 "꽃 웃음"에서 한결같이 다른 표정, 다른 동작을 읽어

낸다. 그것은 세계가 내적으로 만나 일치를 이루지 못하고 각기 다르게 존재하고 살아가고 있다는 인식에 근거한다. "하루 내내 노래만 불러대는/시커먼 뮤직 스피커"도, "적잖은 무게로 누르는 아스팔트 표정"의 부드러워짐도, 제각기 달리 "삼백육십오 일 숨 쉬는 생명"이라는 사실에서는 예외가 없다. 그래서 시인은 "어느 시간 한 번쯤/얼음땡", "익숙한 클릭 한 번으로" 세상의 모든 표정과 동작을 일순 멈추고, 똑같은 순간을 만들고 싶은 것이다. 모든 순간을 동일 선상에 놓고 다시 출발하고 싶다는 것은 세계를 재조립하고 싶은 열망의 표출이다. "얼음 때 애 앵" 하는, "있음과 없음의 무한대"가 시작되는 순간 말이다. 그렇게 되면 다 다른 모습으로 있는, 타자에 대한 관심이 없는 사물들이 한 번쯤은 각성하지 않을까 싱그럽게 상상하고 있는 것이다. 어린이들이 하는 놀이에서 착안한 이런 상상력의 발동은 참신하고도 개성적이다. 일상을 새롭게 갱신하는 힘으로 작동한다.

  시인의 상상력은 참으로 다채롭다. "새하얗고 검었다가 다시 나의 오렌지"(「호(好)」)로 색이 바뀌는 필력은 머리가 하얗게 되었다가("새하얗고"), 암울해지다("검었다가") 명랑한 노랑("오렌지")이 되는 시 쓰기의 어려움을 형상화하고 있다. 그런가 하면 "호수가 보이는 창가에 심은/향긋한 바질"은 "잘 있었니? 물어도 한들한들/기다렸니? 물어도 한들한들"하고 여기에 더하여 로즈마리, 페퍼민트까지 "창밖 베란다는 온통 향기 제작소"인데, 그 "향기는 언제나 둥근 표정"(「향기제작소가 있어요」)이라고 할 정도로 이 시인의 상상력은 싱그럽다. 이 향기는 현실에서 "도톰한 향내"(「보석, 셋!」)라는 형상으로도 제시된다. 우리는 여기서 시인의 상상력이 풍경과 현실 양쪽에서 자유분방한 감각과 정신 작용으로 구체화되고 있음을 알 수 있다. 특히 '날것'의 감각이나, 기억을 소환해 내는 부분에서 상상력의 비중이 더 크게 작용한다.

## 2. 일상의 경이와 충격으로서의 미학

"한 알의 모래에서 우주를" 보고, 찾아내는 블레이크의 눈은 시인의 상상력과 통찰에 대한 가장 아름다운 비유로 작용한다. 이 낭만주의적 명제는 가장 하찮은 것들 속에서 새로움을 떠올리는 시인의 상상력에 대한 찬사이며, 시인의 상상력은 자연을 넘어 우주의 신성한 질서로까지 조화로운 비전을 가질 수 있다는 말에 다름아니다.

이런 맥락으로 박진옥의 시는 새로운 감각을 기반으로 하는 상상력이 작동하지 않으면 관습적인 사고와 시선의 틀에 갇히

게 된다는 것을 일깨워 준다. 관습적이고 때 묻은 시선이나 사유에는 꿈틀거리는 '몸'이 없고, 핏줄이 보이지 않고, 생명으로 연결된 자각이 없으며, 따라서 에너지도 발생하지 않기 때문이다.

 시인의 상상력 앞에서 사람이나 자연 물상들은 언제나 몸 바꿀 준비를 하고 있다. 독자들은 어떻게 변용을 거듭하게 될지 모르는 시인의 상상력 기습을 예감하며 몸이 떨리는 순간을 경험하게 되는 것이다. 다음 시를 보자.

  공숲이다
  지극히 충만일 때도

  큰아들네와 함께한
  영덕 칠보산 등성이
  꿈틀거리는 동해 한눈에 들어오고
  아무도 발 담그지 않은

  뽀드득
  무릎에 은근을 더해 힘을 주면
  발 아랜 몇 개의 웨하스 부서지는 소리

그 소리에 쑥쑥 자라는 하얀 꽃

뽀드득 한 발 더하면

윌리 웡카 씨*의 공장에서 찍어내는 기막힌 초콜릿처럼

점령자의 달콤한 짜릿함

두 활개는 코끼리를 삼킨 보아뱀이듯

벌러덩

그에게 등을 덮치면

덕지덕지 붙어 있던 어제의 어휘들 떨치고

온몸 퍼지는 나른한 위무감

하늘 땅 그 사이

비로소 우린 하나가 되어

이 하얀 나라에 안착한

굳이 애씀 없어도 싱잉볼이 주는 여운처럼

잔잔한 호흡


때늦은 안부처럼

살그머니 눈을 뜨면

세상 한 귀퉁이 무미의 솜사탕

펄

   펄

펄

무채색 왕국의 시민들로 물드는

* 로알드 달의 작품인 '찰리와 초콜릿 공장'에 나오는 초콜릿 사장님

- 「눈」 전문

  큰아들네와 함께 동해가 보이는 칠보산에서 눈을 밟고 눈밭에 뒹구는 체험을 형상화한 이 상상력의 진폭이 얼마나 자유로운지 우리는 새삼 놀란다.

  첫 연 "공空이다/지극히 충만일 때도"는 눈[雪]에 대한 진술이다. 그러나 다음 연 "꿈틀거리는 동해 한눈에 들어오고"의 '눈'은 신체 부위로서의 눈[眼]이다. 이런 배치는 4연에서도 드러나는바, 시인이 의도성에 기인한다. 왜 시인은 눈[雪]을 묘사하는데, 눈[眼]을 시야에 들어오도록 했을까. 그것은 시적 긴장에 해당한다. 이는 2연 마지막 행 "아무도 발 담그지 않은"에도 해당한다. 겉으로는 바다를 연상하게 해놓고는 눈[雪]으로 가는 것이다.

  3연의 상상력이 가장 다채롭고 빛난다. "뽀드득" 눈 밟는 소리의 묘사를 보라. "몇 개의 웨하스 부서지는 소리"에서 시작된 소리는 "윌리 윙카 씨의 공장에서 찍어내는" 흔한 초콜릿의 놀

라운 발명품처럼 놀라운 광경들로 인하여, 뜻밖의 점령자는 "달콤한 짜릿함"에 싸이고 마침내 중무장한 옷과 눈맞은 몸의 덩치가 더해져 "두 활개는 코끼리를 삼킨 보아뱀"의 형상으로 눈을 덮친다. 이때 "덕지덕지 붙어 있던 어제의 어휘들 떨" 치는 기적이 일어나는 것은 물론이고, 비로소 "하나가 되"고 "싱잉볼"의 여운에 이르게 되는 것이다. '웨하스'에서 '기막힌 초콜릿', '코끼리를 삼킨 보아뱀', '싱잉볼'에 이르는 상상력의 다발을 보면 이 시인의 감각이 얼마나 유쾌하고 다채로운지 새삼 실감하게 된다. 그러면서 시인은 "세상 한 귀퉁이 무미의 솜사탕", "무채색 왕국의 시민"으로 물들게 되는 것이다.

위의 시가 현재의 시점에서 작용하는 상상력을 보여주고 있다면, 다음 시는 젊은 날의 기억을 환기하는 시편 속의 상상력으로 드러난다.

> 말하자면, 정확히 삼십구 년 전
> 바로 어제 같은 기억 하나 있지
>
> 허름한 공터의 햇살
> 감빛으로 물들면
> 내리막길 저어기 아래

힘겨운 햇살 등에 지고 터덜터덜

기어오르는 어룽한 그림자 하나

작은 빛 향해 날아드는 하루살이처럼

어둠 깔릴까 바람을 밀며 오던


어느 날 날아든 난데없는 전기 스파크

옥포 대우병원으로 가란다

하얀 침대엔 검으스레 그을린 얼굴

치솟은 왼쪽 검지, 붕대에 감긴 채 누워있는 우리들의 위대한 그

젊은 아낙, 눈앞 어룽거리며

힘 풀려버린 다리

철버덕!

그렇게 씨름한 한 달

간혹 솟구치는 삶의 멀미 감당키 힘들어

웃자란 귓바퀴 늘 바깥을 향할 때

긴 통증 견디려 찾는 곳

소금 묻은 가시랭이 내음 풀풀 거리던

바다를 낀 좁고 긴 골목시장 있었지

바람은 왜 또 그리 차가웠는지

세상 떠받드는 시간 외면하지 못한 채

한 마리 여린 도도새 같았던 그 시절

　　눈감고 구겨진 소리 펼쳐보면
　　햇살 바른 창가 풍금 소리처럼 잔잔한
　　몹시도 아렸지만
　　지금은 정사각 따스한 기억 한 톨로 남아 있는
　　그 언덕배기

　　　　　　　　　　　　　　－「무전동 언덕배기」 전문

 이 시에서 상상력의 큰 얼개는 통영 무전동 언덕배기에서 보낸 "삼십구 년 전" 가족을 대상화하여 소환하는 대로 향하고 있다. 바로 난데없는 전기 스파크로 인해 왼쪽 검지를 붕대로 감은 채 한 달간 누워 있는 "우리들의 위대한 그"(남편) 말이다. 그 사내는 "힘겨운 햇살 등에 지고 터덜터덜/기어오르는 어룽한 그림자 하나"로 대상화되기도 하는 걸 보면 삶의 언덕을 오르느라 지친 모습이 아닐 수 없다. 그래서 사내와 "젊은 아낙"은 "간혹 솟구치는 삶의 멀미 감당키 힘들어/웃자란 귓바퀴 늘 바깥을 향"하고, 긴 통증을 견디려 "소금 묻은 가시랭이 내음 풀풀 거리던/바다를 낀 좁고 긴 골목시장"을 찾기도 한다. 이 시가 흡인력을 시인으로 표상되는 "젊은 아낙"이 모리셔스섬에서 살다가 사라진 조류인 "한 마리 여린 도도새"로 개성적으로 형상화되는 장면이다. 그러면서 지금은 그 통증의 시절 "구겨진 소리"가 펼쳐져 "햇살 바른 창가 풍금 소리처럼 잔잔한" "정사각 따스한 기억 한 톨"로 수렴되는 상상력의 구조를 가지는 것이다. 이런 기억은 더 응축되어 나타난다. 예를 들면 이런 시편.

    난 죄인이었어

    적어도 힘들게 온 귀하디귀한 나의,

    생명을 가진 것

    모두 깃 웅크리며 집으로 가는 시간이면

    젖음과 마름 생각하며

    한번은 뒤돌아본다는데

    예전

    까치발로 까꿍 할 적에도

    고사리손 맞잡고 숫자놀이 할 적에도

    도톰한 향내 한번 주지 못한 채

    옹이 박힌 시집살이에만 코 박았지

    시간 흘러도

화려하지도, 그렇다고 튼실하지도 않은

그늘에 숨어

아닌 척

척,

척,


힘겨움 하나씩 내려놓고

설운 나의 방 들어서면

그래도 손톱만 한

양심 솔솔 피어나더라는

무거운 쇠사슬 끄는

부은 발목처럼

-「보석, 셋!」 전문

"옹이 박힌 시집살이에만 코 박"고 살면서 어린 자식들에게 "도톰한 향내 한번 주지 못한 채" 살아온 날의 회한으로 읽히는 시편이다. 여기서 이 시는 상상력이 양쪽에서 서로 조응하는 양상을 드러낸다. 코 박고 살았던 "옹이 박힌 시집살이"가 굳은 책임에 뿌리 박힌 단단한 무늬를 그리고 있다면, "힘들게 온 귀하디귀한 나의" '보석 셋'(세 자식)도 단단하고 빛나는 순금이라는 것이다. 여기서 옹이로 표상되는 시집살이는 "젖음과 마름"이 결락된 단단한 응축과 차가운 결정(結晶)의 양태로, "그늘에 숨어/아닌 척"하는 의무의 나날이지만, "설운 나의 방 들어서면/그래도 손톱만 한/양심 솔솔 피어"나는 자의식을 거느린다. 그러면서 이 시는 "까치발로 까꿍 할 적에도/고사리손 맞잡고 숫자놀이 할 적에도" 자애("도톰한 향내")를 보내지 못한 자아의 건너편에 존재하는 보석, 그 견고성의 이미지는 순금이기는 하되, 들끓는 아우성을 간직한 고요의 양태를 가지고 있음도 유추하게 한다. 이렇듯 시적 화자가 존재하는 것이란 시집살이의 시간과 자식 생각의 시간 사이에 끼어 있는 것이다. 이는 모든 사건과 시간이 서로의 안에서 서로를 드러내며 생성되는 구조를 가지고 있기에 그렇다.

### 3. '사유의 집'으로서의 시와 '몸'

이번에는 사유의 시편들을 살펴보기로 한다. 시인은 한발 물러서서 시적 대상을 관찰하고 내면화시켜 적절한 시적 공간에 배열함으로써 작품에 여유와 관조의 거리를 유지하게 한다. 이때 시는 시간과 경험과 인식을 뛰어넘는 직관과 보편의 영역으로까지 깊어지는 것이다. 특히 주목해야 할 현상은 '나'와 사물이 한 생명체의 외부와 내부처럼 연결되어 있다는 사실이다. 이는 내가 세계 속에서 하나의 '몸'이라는 통로로 열려있기 때문이다.

    그러니까,

    얼음 조각 같은 바람, 볼을 스칠 때

    빨대로 주욱 끌어올려 다시 빈 뱃속 길

    따스함 전하는 라테 한 모금의 부드러움 느끼며

    소곤거리는 책들의 대화 들리는 도서관

    가끔 정적 터치하는 펜의 딸깍거림

    멜로디로 착각하는

    열 시 십몇 분의 아늑한

    모든 것엔 길이 있다는 게 높으신 당신의 지론

    실오라기처럼 좁고 가는 골목길엔

    저마다 작은 이야기 쌓이고 쌓여

    길은 '난쏘공' 같은 역사가 되고

    꿈을 버리지 못해 흐릿해지는 시야와 씨름하다

    더러 유유한 강물의 길 만들기도 하지

어제 본 호수 위 미끄러지는 반짝거림도

실은 고매한 은유로 자주 회자하기도 하는

넉살 좋은 바람이 내준 길

길은 습관처럼 먼저 와 기다리고

우린 기다림에 익숙하다 어느 날 우주의 귀퉁이로

먼 길 떠나기도

못내 도달하기도 하는

그러니까,

숙명적이기도 한

- 「길」 전문

'길'에 대한 사유가 깊이와 유연함, 그리고 입체성으로 녹아 있는 이 시에서 우리가 먼저 발견할 수 있는 것은 '길의 사유'를 중심으로 자아와 타자가 이항 대립적인 요소로 있지 않고 스스로의 경계를 허물고 있다는 것이다. 이는 시인이 자신의 몸을 텅 비우고 있기에 가능하다.

볼에 스치는 "얼음 조각 같은 바람"은 내가 빨대로 끌어올릴 때, 이내 내 몸 안에서 "라테 한 모금의 부드러움"으로 "뱃속 길"을 연다. 우리가 발을 딛고 가는 길이 이렇게 내 몸속에서 가벼이 변신을 하면서 어느새 나는 길을 품은 존재로서 풍경과 세계

속에 이어지는 것이다. 그것으로 그치지 않는다. '길'은 "소곤거리는 책들의 대화"와 "정적 터치하는 펜의 딸깍거림"이 멜로디로 울리는 "열 시 십몇 분의" 도서관에 이르면, "모든 것엔 길이 있다"고 찾는 자에게 이들에게 주어지는 새로운 통로라는 정신적인 의미로 도약한다. 그 길은 서민들의 애환이 서려 있는 "실오라기처럼 좁고 가는" "저마다 작은 이야기 쌓이고 쌓여" "'난쏘공' 같은 역사"를 이루는 골목길"로 이어지고, 그래도 남은 꿈은 "흐릿해지는 시야와 씨름하다" "유유한 강물의 길 만들기도 하"며 이 시대를 살아가는 낮은 곳의 현실적인 아픔을 감싸 안는다.

시인은 그 길을 긍정하며 눈앞 "호수 위 미끄러지는 반짝거림"에서 "넉살 좋은 바람이 내준 길"을 읽는다. 놀라운 것은 이 시의 후반부, "길은 습관처럼 먼저 와 기다리고"에서 보이는 반전이다. 길이 먼저 도달해서 기다리고 있음에도 그걸 모르고 우리들은 이승을 하직("어느 날 우주의 귀퉁이로/먼 길 떠나")하기도 한다는 것이다. 성숙한 존재들이라고 스스로 생각하지만 하지만 언제나 '미답의 길'은 언제나 남아 있을 수 있다는 인식이다. 시인은 이를 "숙명적이기도" 하다고 말하는 바, '길'은 여기서 이 시대를 살아가는 모두를 위한 텍스트로 상승된다. 개인의 아픔을 시화하고 있는 아래의 작품은 그리움을 이기지 못한 화자가 환(幻)의 상태에서 발화하는 양식으로 사유가 전개된다.

    깍깍 웃는 소리 들렸어
    이른 아침 까치야

    시장에서 걔가 좋아하는
    반짝이는 부엉이 한 마릴 샀어
    아니나 다를까
    물총새가 예의 긴 부리로 총총 소식 물고 왔어
    물방울 튕기듯 퐁퐁
    전화음이 상쾌해

    언제부터일까
    소소한 얘기들로 하룰 채워주던
    걔 목소리 사라져 버렸어
    텅 비어버린 시간

    '기다려' '기다려'
    목 길게 빼고 구관조처럼

기다림의 시간으로 만들어 버린

깍깍,
아침의 그 까치인지도 몰라
자작나무 하얀 몸피 위로
하늘하늘 잎사귀 흔들며
바람과 희롱하는

놀이터 아이들 함성 높아지고 있어
난, 걔 목소릴
조금씩
조금씩
녹여 삼키는 중이야
엄마라는 이름으로

-「근황」전문

 여기서 '걔'는 멀리 떨어져 있는 자식으로 읽는다. 그 핏줄에 대한 어미 마음이 전체적으로 절절하게 표현되며 어미인 화자의 사유가 전개된다. 엄마의 환상 속에서 오래 소식 없던 자식의 음성이 까치 소리로 전이되고, 나(어미)는 이미 '걔'를 위해 빛

나는 부엉이 장식을 샀는데, 마침, 걔의 목소리가 전화기를 통해 물총새 "물방울 튕기듯 퐁퐁"한 목소리로 소식을 전해주고 있지 않은가. 그러다가 "소소한 얘기들로 하룰 채워주던/걔 목소리 사라"진 이후 나 "텅 비어버린 시간"을 맞는다. 아마 자식이 일이 바빠 연락을 주지 못했던 모양이다, 그때부터 걔는 나로 하여금 '기다려' '기다려', 그 목소리를 따라 하는 존재("구관조")로 만들어 버린다. 그러니 걔를 나는 잊지 못하고 있다. 마침내 나는 걔가 "아침의 그 까치인지도 몰라"하고 골똘히 생각기에 이른다. 마지막 연, "놀이터 아이들 함성 높아지고 있어/난, 걔 목소릴/조금씩/조금씩/삼키는 중이야. 엄마라는 이름으로"에서는 경험적 사실들을 노출하고 있는데, 걔의 무소식으로 인한 화자의 기다림이 아직도 지속되고 있음을 보여주고 있다. 그런 점에서 이 시는 보이는 이 세계의 물상을 통해, 보이지 않는 저쪽 세계의 현존을 불러내는 환(幻)의 세계로 사유의 폭과 깊이가 현저히 확장된다. 삶의 현실이 어려울수록 시인은 굴하지 않고 그 텅빈 공간을 환(幻)의 사유로까지 이으려는 내면 무의식을 읽을 수 있는 것이다.

  추억을 소환하고 있는, 그러면서도 언어에 대한 내밀한 사유를 담고 있는 시편도 있다.

그리움 마신다

일렁이는 희미한 그림자

손바닥의 움직임

파도를 탈 때마다

거품 일구며 고개 내미는

뽀얀 액체

시댁 문턱 갓 넘었던 새파란 시절

해 오르기 전 대문을 나서던 시엄니

'팍팍 치대서 국물이 나오걸랑 잘 걸러 단술 만들어 놔라이!'

말씀 하나 긴 꼬리 남기고

한 번도 건너지 못한 섬 하나

어느 영이라 거역할까

호랭이보다 더 무서운

가는 오른쪽 손목 악을 쓰고

더 가는 왼쪽 손목 외마디 찔러가며

부지런히 치대고, 치대고, 치대어

겨우 달달함 건졌건만

〈

아뿔싸

밥알 동동 아니라 죽이 되어버린 단물

해거름 돌아온 엄니

쓰레기통 뒤져 질금가루 펼치곤

'이리 힘 대가리 없이 치댓응께 단술이 안 되지, 에이고'

당신의 눈자위 모로 누운 채 얼음알갱이 스치고

노도의 옳은 말씀 끄트머리


팍팍 힘 한번 쓸 줄 몰라

질긴 하루 빨갛게 익었던 날

붉으락푸르락 꽃핀 시엄니 얼굴

밤새 퐁퐁 솟아오르는 호박 새미 정갈한 물처럼

때때로 그리워지는

저, 단물

그리고 당신

- 「단」 전문


   느긋하게 단술을 마시면서 시가 시작되는 이 시편은 쩔쩔매면서 감주를 만들었던 옛 기억이 이제는 "밤새 퐁퐁 솟아오르는 호박 새미 정갈한 물처럼" 단물의 그리움이 되었다는 메시지를 담고 있다. 갓 시집 왔을 때 시인에게 '단술 만들기'는 "한 번도 건너지 못한 섬 하나"로 여겨질 만큼 큰일이었는데, 이제는 그 "눈자위 모로 누운" "얼음 알갱이" 엄하던 시어머니마저 "단물"이 된다. 세월의 힘이다. 그러나 이 시는 제목에서도 알 수 있듯이, '단'이라는 어휘가 각 연에서 다채로운 의미로 변주되는 지점에서 사유의 깊이가 내적으로 작용하는 지점을 살펴야 한다.

먼저 둘째 연에서 '단'이라는 말은 "손바닥의 움직임/파도를 탈 때마다/거품 일구며 고개 내미는/뽀얀 액체" '단술이라는 의미와, '단술 만들어 놔라이!' 잘라 말하며 긴 꼬리를 남기 단호함의 '단(斷)'의 파장이 있다. 셋째 연에서는 "가는 오른쪽 손목 악을 쓰고/더 가는 왼쪽 손목 외마디 찔러가며" 혼자 힘으로 애를 쓰는 '단(單)'이라는 의미작용이 있다. 넷째 연에서는 "밥알 동동 아니라 죽이 되어버린 단물"에서 '닳아버린'에서 파생되는 '단'이라는 의미가 배어 나온다. 그리고 마지막 다섯째 연에서는 "질긴 하루 빨갛게 익었던 날"에서 연상되는 '단(丹)'이라는 의미까지 더한다.

이렇듯 박진옥의 시가 거느린 사유는 여백과 치밀함, 환의 양상까지 다양하게 시도되면서 시의 소중한 시적 자산으로 활용되고 있다.

## 4. 맺음말

　이번 시집에서 눈길을 끄는 것은 박진옥 시인의 감각과 상상력, 사유가 생래적인 것에 더하여 시편을 쓸 때마다 시집을 낼 때마다 계속 숙성되고 있다는 사실이다. 이 과정은 시집을 여는 시 「호好」에서도 드러나는데, 시인은 "분명 하나의 길인데/새어 나오는 건 수 갈래"라고 하여 표현에 따라 감각과 사유가 달라지고 더 깊이 보일 수 있음을 제시한다. 이어서 자신의 시작과정이 "짐승처럼 헐떡거리며/또 한 허리 넘어가"는 길이라는 말에서 볼 수 있듯이, 땀 흘리고 고민하는 시작을 하며 더 먼 곳, 더 새로운 곳을 향해 계속 나아가고 있음을 몸과 정신으로 감각하면서 창작에 임하고 있는 것이다. 흔히들 감각은 타고난다는 말을 하는데, 이것은 반은 맞고 반은 틀리는 말이다. '궁핍한 시대의 사상가'였던 하이데거가 『궁핍한 시대의 시인』에서 휄덜린의 시편을 두고 말했듯이 감각이란 것은 익히고 공부하는 과정을 통하여 얼마든지 성장하고 무르익어 가는 것이기도 하며 이는 사유에도 적용할 수 있다.

　이는 시집 구성과 제목에서도 드러난다. 1부의 시들은 13편 모두 제목이 단음절로 되어 있다. 이런 현상은 2부부터는 지켜지지 않지만, 시인은 단어 하나에까지 예민한 촉수를 드리우고 고민하여 왔음을 드러낸다. 확실히 박 시인의 시는 계속 무르익고 있고, 한 편, 한 편의 시는 자연발생적이라기보다는 의도의 산물이다.

  박 시인의 감각과 사유는 확실히 튼튼하고 깊어졌고, 무수한 경험과 기억들을 반추하고 돌아보는 자전적 시편들에서도 빛나는 성취를 이루어가고 있었음을 우리는 즐겁게 확인할 수 있었다.